Les Secrets De L'Organisation

Découvrez D'Etonnantes Et Incroyables Techniques Pour Organiser Au Mieux Votre Espace Et Votre Temps

Mona Jenkins

Copyright © 2015, Mona Jenkins. Tous droits réservés.

Table des matières

Introduction 7
Comment devenir quelqu'un d'organisé 11
Comment organiser votre foyer...23
Comment organiser votre bureau 41
Si vous travaillez chez vous..53
Comment organiser vos finances 69
Comment organiser vos vacances...79
Comment organiser les événements spéciaux de votre vie..........87
Conclusion...95

Les journaux s'empilent sur la table à manger, les magazines recouvrent la table basse, des vêtements sont empilés sur le canapé, des jouets jonchent le sol, des documents s'étalent sur toutes les surfaces imaginables - et c'est juste le salon !

Faites-vous partie de ceux qui n'osent plus inviter d'amis chez eux à cause du désordre ambiant ? Avez-vous peur qu'ils découvrirent ce vilain petit secret – un logement sens dessus-dessous ?

Vous rêver depuis longtemps d'un environnement parfait - propre, soigné et bien rangé, un lieu pour chaque chose et chaque chose à sa place. Mais vous pensez que ce type de maison existe seulement dans les films ou les magazines ? Si c'est le cas, détrompez-vous.

Ce livre révèle des méthodes d'une efficacité redoutable pour organiser habilement et intelligemment votre vie, dans tous les domaines. Des méthodes que, je n'en doute pas, vous recherchiez depuis longtemps.

Introduction

« On dit que le temps change les choses, mais en fait le temps ne fait que passer et nous devons changer les choses nous-mêmes ».
Andy Warhol

« J'ai tant de choses à faire et si peu de temps ! » N'avons-nous pas tous utilisé cette expression à un moment ou un autre de notre vie ? Grâce aux progrès technologiques, il semble que plus nous ayons de temps libre, plus nous trouvions d'activités pour remplir ces moments de temps « libre ». Nous sommes plus occupés que nous ne l'avons jamais été à aucun moment dans l'histoire humaine.

Beaucoup de gens ont dans l'idée que le temps est une denrée rare. Il est difficile, en tant qu'être humain, de penser le temps d'une autre façon qu'en termes linéaires. Cependant, il y a le « temps-horloge » et le temps psychologique.

La surcharge d'information est une autre maladie du 21e siècle. Nous la voyons venir à nous de toutes les directions - télévision, radio, journaux, magazines, mails, catalogues, bulletins, etc. Où que nous nous tournions, nous sommes bombardés de toujours plus d'informations. Alors, la technologie est-elle vraiment notre amie ou notre ennemie ?

Nous aspirons au « bon vieux temps » où la vie était plus lente, moins occupée et beaucoup moins frénétique. Les gens utilisaient leur temps pour se détendre le soir, lire des livres, ou juste décompresser. Eh bien, plus ces jours-ci. Chaque minute de chaque jour est remplie à pleine capacité avec de plus en plus d'activités.

Les femmes tout particulièrement ont des journées beaucoup plus remplies que jamais. La plupart travaillent à temps plein, puis rentrent à la maison pour un autre emploi à temps plein. Une femme moderne est chef cuisinier, lave vaisselle, aide aux devoirs, blanchisseuse et femme de ménage. Beaucoup a déjà été écrit sur les façons dont une femme peut conjuguer le travail et la famille.

Les hommes aussi sont plus occupés de nos jours, car ils aident leurs compagnes pour les tâches ménagères et domestiques. Les enfants ont des tonnes d'activités dans l'après-midi et tout autant le soir ; cela signifie qu'au moins un parent doive les chapoter, tandis que l'autre fait la cuisine et le ménage. C'est devenu une course permanente.

Et si nous décidions de nous retirer de cette course, cela est-il encore possible ? Comment trouver le temps ? Eh bien, voilà le hic. Nous ne trouvons pas le temps, mais nous faisons le temps. Voilà le point crucial. Et cela nécessite de l'organisation, et pas qu'un peu.

Comment devenir quelqu'un d'organisé

« Le temps est la pièce de monnaie la plus précieuse de votre vie. Vous et vous seul déterminerez la façon dont elle sera dépensée. Prenez garde de laisser les autres la dépenser à votre place ».
Carl Sandburg

Si vous vous reconnaissez dans les descriptions ci-dessus, vous n'êtes pas seul. Des millions de familles se trouvent dans la même situation. Il y a tellement de choses à faire, et si peu de temps pour cela.

Et quand on vient au sujet de l'organisation, c'est un peu similaire à la météo. Tout le monde en parle, mais personne ne fait rien à ce sujet. Ou les gens font une tentative d'organisation en demi-teinte mais ils ne poussent jamais plus loin. Deux semaines plus tard, le désordre revient, parfois pire que jamais.

Cet agenda que vous avez acheté est inutile, sauf si vous l'utilisez de manière constructive. Il ne vous aidera pas automatiquement pour vos problèmes d'organisation de temps, sauf si vous l'utilisez de la bonne façon. Listez soigneusement tout ce qui a de l'importance dans votre vie. Planifiez vos horaires, accordez le temps nécessaire à chaque tâche, et souvenez-vous de faire un point régulier avec vous-même. Utilisez cet agenda à votre meilleur avantage, ou il deviendra juste un beau presse-papiers en cuir.

Notez toutes les tâches qui doivent absolument être faites, les courses qui doivent être exécutées, tous les rendez-vous que vous devez garder en tête, et les échéances à venir. Prenez quelques minutes chaque soir pour examiner ce qui est à faire le lendemain.

Cela vous permet de planifier les repas qui doivent être faits, ce que vous avez besoin de porter, et où vous devez être le lendemain. Résistez à la tentation de vous surcharger chaque jour. Vous ne pouvez accomplir qu'une certaine quantité de choses dans une seule journée. Si vous surchargez votre calendrier, vous constaterez qu'il est impossible de terminer toutes les tâches que vous avez définies. Vous serez juste déprimé ou frustré de ne pas avoir pu accomplir toutes vos tâches.

Alors, prenons le processus étape par étape, en commençant par les bases. Perdez-vous constamment vos clés ? Si vous êtes tellement désorganisé que vous ne pouvez pas trouver quelque chose d'aussi simple que vos clés, comment allez-vous organiser votre maison, votre bureau, les activités de vos enfants et votre vie personnelle ?

Avant que vous puissiez trouver ces clés, vous devez d'abord vous connaitre. Cela paraît simple, non ? Vous devez trouver votre propre être unique avant même de pouvoir commencer à organiser votre vie.

Vous connaissez-vous assez bien pour trouver ce « vous » unique ? De quoi avez-vous besoin et que voulez-vous de la vie ? Quelles sont vos passions, vos particularités, vos besoins spéciaux ? Chacun a son propre style unique, alors quel est le vôtre ?

Connaître les réponses à ces questions permet de faire du tri et de garder votre vie organisée. La connaissance de soi est cruciale. Alors seulement, vous pouvez organiser votre vie de manière à vous construire un environnement qui vous soutient et vous nourrit. Si vous avez pris soin de vous et vous êtes bien nourri, vous êtes maintenant en mesure d'aider et de nourrir les autres.

Commençons par jeter un œil à votre liste de choses à faire et à voir ce qui est important pour vous. Que faites-vous toute la journée, tous les jours ? A quoi ressemblent vos week-ends ? Que faites-vous pour vous amuser ? Est-ce que votre liste est pleine de choses que vous pensez que vous devriez faire, ou sont-ce des choses qui sont importantes pour vous ? Sont-ce des choses qui sont vitales pour votre vie et votre bonheur ? Passez-vous votre temps si précieux sur des choses importantes ?

Je peux vous voir lever les yeux au ciel en ce moment et pousser des gémissements, « Qu'est-ce que cela a à voir avec une vie plus organisée » ? Permettez-moi de vous dire que cela a tout à voir avec elle. Pour en savoir plus sur votre propre vie, commencez par faire une promenade à travers votre maison. Passez par chaque chambre et regardez chaque pièce que vous possédez, les meubles, les bibelots, les livres, la musique, les films, les photos sur les murs, même les plantes.

Vous souvenez-vous quand vous avez acquis ces articles ? Combien de temps cela fait-il ? Aimez-vous toujours ces objets ou avez-vous tout simplement pris l'habitude de les avoir autour de vous ? Que signifient-ils pour vous ?

La seule chose sûre dans nos vies en dehors de la mort (et des impôts, dit-on) est le changement. Nous changeons tout le temps. Ce que vous avez apprécié il y a cinq ans peut ne pas être agréable ou approprié pour vous aujourd'hui. Peut-être que votre travail a changé ou votre famille est d'une certaine façon différente. Vos enfants ont grandi et déménagé, ou peut-être que vous venez de fonder une famille. Les deux sont de sérieux changements dans votre vie et doivent être considérés. Cela signifie certainement un changement de priorités d'une manière ou d'une autre.

Faites le tour de votre maison. Vous pouvez remarquer des choses qui n'ont pas nécessairement autant d'importance pour vous aujourd'hui qu'auparavant. Vos priorités changent, vos goûts changent, c'est la vie. Quelles choses sont toujours importantes pour vous ? Les clés de vos valeurs sont là, quelque part, enfouies dans ces possessions - celles qui sont essentielles pour vous et votre vie. Vous découvrirez peut-être qu'au fil des ans, ces valeurs ont changé un peu ici et là. Le changement peut paraître risqué à certains moments, mais il apporte aussi avec lui un sentiment de fraîcheur, un nouveau défi passionnant. Vous allez commencer à voir les choses sous un angle différent.

Il est important que vous vous connaissiez. Apprenez à connaître votre corps, votre esprit, votre âme et votre cœur. Personne d'autre ne vous connaîtra jamais aussi bien que vous-même.

Commencez par regarder dans le miroir et dites bonjour à cet inconnu qui vous ressemble étrangement. Vous devriez apprendre à le/la connaître. Découvrez ce qui est le plus important pour cette personne. Si vous n'aviez plus que six mois à vivre, quelles seraient les choses les plus importantes dans votre vie ? Que feriez-vous et comment voudriez-vous passer ces quelques derniers moments précieux ?

Maintenant examinez de nouveau cette liste de choses à faire. A-t-elle une quelconque ressemblance avec la vie que vous venez d'envisager pour vous-même? Jetez un œil à votre agenda et posez-vous la même question. Si vous découvrez que vous avez dévié de la route prévue, il est encore temps de revenir sur la bonne voie.

Vous pensez probablement que ce que vous voulez vraiment n'est pas important. Vous pensez que vous devez faire ce que vous avez à faire. Ce n'est pas vrai. Vous pouvez avoir ce que vous voulez. Ce peut-être simplement de petits changements pour commencer. La satisfaction instantanée n'est pas possible, mais cela ne signifie pas que vous ne pouvez pas effectuer quelques changements pour finalement obtenir ce que vous voulez vraiment. Croyez que vous êtes capable de l'obtenir et que vous méritez de l'obtenir.

Obtenir ce que vous voulez est simplement une question de déterminer où vous voulez être, puis de faire un travail de fond afin de former un plan et un planning pour y parvenir. C'est là où l'organisation entre en jeu. Si vous organisez votre vie et travaillez dur, vous pouvez obtenir ce que vous voulez.

Demandez-vous ce que vous voulez vraiment dans votre vie - pour votre propre vie et pour votre famille. Notez-le. Vous ne pouvez pas atteindre les objectifs que vous n'avez pas identifiés. Si un de vos objectifs est de passer plus de temps avec votre conjoint et vos enfants, mais que vous travaillez soixante-dix ou quatre-vingts heures par semaine, il faut faire quelque chose. Découvrez combien de projets vous faites qui ne sont pas vraiment nécessaires. Si tous les projets sont essentiels, y a t-il des tâches qui peuvent être déléguées à d'autres ? Quelqu'un peut-il intervenir et les faire pour vous ?

Voyager est-il un des objectifs de votre vie ? Puisque le temps des vacances est essentiel pour tout le monde, décidez où vous voulez aller avec votre famille, puis commencez à planifier pour cela. Demandez des brochures, renseignez-vous sur les vols et hébergement à l'hôtel, et commencez à économiser pour le voyage. Faites en sorte que toute la famille soit impliquée dans les étapes de planification ; laissez-les vous aider à décider quoi voir, où manger et où dormir. L'anticipation fait partie de l'amusement et est bonne pour toute la famille. Nous rediscuterons de l'organisation de voyages dans un autre chapitre.

Trouvez-vous un calendrier où l'on voit chaque mois d'un coup d'œil et commencez à planifier ce que vous voulez vraiment. N'oubliez pas de planifier un certain temps pour vous. Cela ne veut pas dire que vous êtes égoïste ou inutile. Vous ne pouvez pas continuer à donner aux autres sans vous ressourcer de temps en temps. Vous connaissez le vieux dicton, "Vous ne pouvez pas donner à partir d'une tasse vide."

Je sais ce que vous vous dites maintenant. « Il n'y a tout simplement pas de temps pour quelque chose de plus, mon temps est déjà maximisé, et je suis constamment à jongler entre les choses pour avoir le temps de faire tout ce que je dois faire. Où puis-je trouver du temps pour moi-même ? » Jongler est pour les artistes de cirque. Tout ce dont vous avez besoin est d'un plan pour apprendre à équilibrer votre vie.

Stressé, vous dites ? Quand une personne est confrontée à un certain type de danger, son niveau d'hormones change et elle rentre en mode « combat ou fuite ». Cela peut être très efficace pour de courtes périodes de temps, mais rester dans ce mode pendant de longues périodes peut affecter le système immunitaire, l'amenant à se briser après un certain temps. Vous devez vous laisser du temps de recharge. Ne pas le faire peut entraîner des conséquences graves. Ainsi, lorsque vous organisez votre horaire pour chaque jour, n'oubliez pas d'inclure au moins quelques minutes de temps juste pour vous.

Une autre cause de stress (qui est auto-induite) est notre penchant pour l'engagement. Nous ressentons le besoin de plaire tout le temps. Nous n'avons pas à dire oui à tout le monde et à tout, mais nous avons tendance à le faire. Pourquoi ne pouvons-nous pas dire « non » de temps en temps ? Il se pourrait que nous voulions que les gens nous aiment, et que nous avons peur qu'ils ne nous aiment pas si nous disons non. La vérité est que ceux qui nous aiment déjà ne cesserons pas de nous aimer simplement parce que nous disons «non».

Nous détestons aussi laisser d'autres personnes dans les ennuis et sentons que nous devons essayer de faire de notre mieux pour agir, quels que soient leurs besoins. Nous voulons être la personne vers laquelle les uns et les autres se tournent toujours en cas d'urgence.
Donc, entre les pressions de travail, les responsabilités familiales, les multiples engagements et la surcharge d'information, il n'est pas étonnant que nous soyons nostalgiques d'une vie plus simple, ou du moins la vie que nous avons un jour envisagé pour notre famille et nous-mêmes. Alors, écrivez ces objectifs et postez-les où vous pouvez les voir tous les jours. Lorsque vous commencerez à organiser votre journée pour y inclure des mesures à l'égard de ces objectifs, les choses vont commencer à changer. Ce peut être lent au début, mais vous allez bientôt commencer à voir combien vous vous rapprochez de ces objectifs à mesure que les jours passent.

Chaque jour, vérifiez votre calendrier et votre liste de tâches et voyez où vous pouvez dégager quelques minutes ici ou une heure là pour passer du bon temps avec vous-même ou votre famille / amis. Comme vous voyez le changement dans votre vie se passer devant vos yeux, vous allez commencer à comprendre quelles activités sont importantes pour vous. Profitez de chaque seconde du temps que vous vous êtes donné à vous-même.

Un des pièges que vous pouvez découvrir en essayant de vous organiser est la tendance des êtres humains à se verrouiller dans une routine. Il est très facile de se retrouver dans une ornière et il est très difficile vous en extraire. Vous pouvez vous justifier en disant des choses comme : « Mais c'est la façon dont j'ai toujours agi ». Vous n'avez aucune raison de continuer à agir de cette façon, surtout si ça ne marche pas pour vous. Permettez-vous d'explorer de nouvelles façons de faire les choses. Vous pourriez trouver un moyen nouveau, plus facile et plus amusant de gérer ces tâches. Soyez créatif et inventif, et certains de ces défis pourrait être plus facile à relever que vous ne le pensiez.

Comment organiser votre foyer

« Un homme qui ne passe pas de temps avec sa famille n'est pas vraiment un homme ».
Francis Ford Coppola

Beaucoup de familles sont confrontées à un encombrement critique et sont totalement perdues quant à la façon de mettre de l'ordre dans leurs foyers chaotiques. Que votre problème d'encombrement soit limité à une pièce ou que ce soit toute votre maison qui semble être une cause désespérée et terrifiante au point que vous n'osiez même pas y penser, vous pouvez ramener l'ordre dans ce chaos.

Trouvez-vous que le volume d'encombrement dans votre maison soit intimidant ? Ne craignez rien ! Il existe un moyen de retrouver cette belle maison qui était la vôtre et que vous aimiez. Malgré les piles de papiers, de journaux, de magazines, de vêtements et autres un peu partout, vous pouvez retrouver vos meubles et revoir votre plancher. Vous pouvez apprendre à profiter de votre maison à nouveau.

Avez-vous arrêté d'inviter des amis et de la famille parce que vous êtes gêné que quelqu'un voit comment vous vivez ?

Vous êtes-vous déjà retrouvé à dormir sur une moitié de votre lit parce que des piles de vêtements s'entassaient sur l'autre moitié ? Vos enfants occupent-ils le salon avec leurs jouets parce qu'il n'y a pas de place pour qu'ils jouent dans leurs propres chambres ? Votre famille est-elle obligée de dîner sur leurs genoux parce que votre table à manger est remplie de journaux et magazines jusqu'au plafond ?

Aussi désespéré que cela puisse paraître aujourd'hui, il y a une façon de traiter avec ce genre de désorganisation et ce désordre. Et ne vous inquiétez pas, elle est indolore et peu coûteuse. Il faudra un peu de travail de votre part et de celle de votre famille. Si vous obtenez que toute la famille participe à l'organisation, vous pourrez même prendre du plaisir à le faire ensemble.

Pour commencer, traitez une seule pièce à la fois. Une maison pleine de désordre et de chaos est trop étouffante. Vous avez besoin de décomposer l'ensemble en petites étapes, plus faisables et moins intimidantes. Si on vous demandait de tout faire d'un coup, vous vous sauveriez en courant, car il faut être très téméraire pour s'attaquer à une maison entière.

Vous pouvez choisir une chambre ou n'importe quelle pièce pour commencer, mais vous devriez probablement démarrer par une grande pièce, une de celles que les gens vont voir quand ils viennent vous rendre visite, comme le salon. Ceci est à la fois une incitation à une meilleure organisation et une récompense qui vous maintiendra déterminé. Quand vous verrez ce qui peut être fait avec un peu d'huile de coude, de l'organisation et de la détermination, vous aurez envie de passer à la pièce suivante, puis la suivante et la suivante.

Après avoir choisi la chambre que vous avez l'intention d'organiser d'abord, mettez la main sur quelques sacs poubelles, des paniers et des boîtes. Il est temps de se mettre au travail ! La première étape est ce que les organisateurs professionnels appellent «purge». Parcourez chaque pièce, repérez chaque pile et chaque tas, et mettez chaque élément dans l'une des trois piles suivantes.

La première pile est pour les poubelles. Ceci est valable pour tout ce qui est cassé et ne peut pas être réparé, ou pour quelque chose que vous ne voulez tout simplement plus et qui n'est pas en assez bonne condition pour être donné à quelqu'un d'autre.

La deuxième pile est pour les objets que vous souhaitez donner. Ceux-ci devraient être encore utilisables et en assez bon état. Tout ce que vous ne pouvez plus utiliser ou tout simplement ne voulez plus peut aller dans cette pile. Ce n'est pas parce que vous n'en voulez plus que cela signifie que c'est inutile. Il y a des organismes de bienfaisance qui peuvent bénéficier de votre don. Vous pouvez aussi organiser un vide-grenier si vous le souhaitez, pour vendre tout ces trucs dont vous ne voulez plus. Rappelez-vous, la poubelle d'un homme est le trésor d'un autre homme. De plus, vous gagnerez un peu d'argent supplémentaire pour vous et votre famille. Vous pourriez épargner cet argent sur un compte spécial pour les vacances et l'alimenter tout au long de l'année.

La troisième pile est pour les éléments que vous ne pouvez pas envisager de donner ou vendre. Ce sont des objets qui ont une valeur sentimentale, des choses que vous trouvez belles, des choses qui sont encore utiles et peuvent avoir une certaine place dans votre maison. Ne gardez pas tout ce qui est inutile ou pas beau à vos yeux.

Comme vous progresserez dans le tri, vous trouverez beaucoup d'éléments qui ne font pas partie de cette pièce particulière. Glissez ces articles dans un panier, au fur et à mesure que vous les trouvez. Lorsque vous avez terminé avec le tri dans cette pièce, prenez tous ces objets et mettez-les là où ils doivent être. Vous pouvez demander à vos enfants de vous aider pour cette partie. Ils peuvent retrouver des jouets perdus depuis longtemps et des objets personnels qu'ils recherchaient depuis longtemps.

Bien, alors maintenant vous avez trois tas. Sortez les poubelles afin qu'elles soient ramassées par les éboueurs. Mettez la pile de dons dans le coffre de votre voiture et déposez-la à l'organisme de charité de votre choix. Certains organismes de bienfaisance viendront même ramasser vos boîtes et vos sacs, si vous les appelez.

Maintenant, il est temps de nettoyer cette salle. Epoussetez les meubles, passez l'aspirateur sur les tapis, nettoyez le sol et mettez toutes vos belles pièces où elles doivent aller. Félicitations, vous avez maintenant un salon où vous serez fier d'inviter des amis.

Quand aux chambres, outre les nombreuses surfaces planes à traiter, il s'y ajoute la corvée du placard ; mais maintenant que vous savez que vous pouvez le faire, vous fera cela en un rien de temps. Commencez par trier les vêtements suspendus dans le placard. Prenez chacun d'entre eux en main et évaluez son droit à rester dans ce placard.

Tout d'abord, est-il toujours adapté à vos goûts et à votre taille ? Ne vous trompez pas en gardant un vêtement parce que vous le mettrez à nouveau "un jour." S'il ne vous convient pas aujourd'hui, dehors ! Vous trouverez probablement des vêtements qui sont à la mode et doivent être jetés quand même. Vous pouvez même trouver des pièces qui sont si vieilles qu'elles sont revenues à la mode. Félicitations, vous avez quelque chose de nouveau à porter. Soyez honnête avec vous-même pour chaque vêtement. Si vous ne l'avez pas porté depuis plusieurs années, il y a de fortes chances que vous ne le portiez plus jamais ; il doit partir. Vous pouvez même trouver des pièces que vous aviez achetées et qui sont entassées dans ce placard qui déborde, et que vous aviez complètement oubliées.

Encore une fois, faites trois piles. Une pour tout ce qui est déchiré, ou simplement "importable" et ne peut être donné. Une seconde pile pour les pièces qui sont en assez bonne condition, même si elles sont vieilles. Peut-être que tout ce dont elles ont besoin est d'un bouton recousu ou d'une couture réparée, après quoi elles seront assez bonnes pour être données à un organisme de bienfaisance ou à un ami.

La troisième pile est pour les pièces que vous allez garder. Ce sont des pièces qui sont en bonne condition, qui vous vont toujours, et que vous aimez encore porter. Rappelez-vous, gardez-les seulement si elles sont utiles ou belles.

Répétez ces étapes avec toutes les boîtes et sacs de vêtements, chaussures, chapeaux, etc., dans votre placard. Vous pourrez avoir à être impitoyable, écartant des articles que vous avez possédés pendant des années, qui sont devenus ce qui ressemble à des résidents permanents dans votre placard. Ne soyez pas dupe ; si vous ne les avez pas utilisés depuis longtemps, vous ne le referez probablement pas. Résistez à l'envie de vous accrocher à tout.

Après avoir répété les étapes en ce qui concerne vos tiroirs et les étagères, vous serez étonné de l'espace que vous avez à gérer à présent. Vous aviez peut-être oublié que cette pièce était un dressing, puisque vous n'avez pas été en mesure d'y pénétrer depuis longtemps.

Sortez la poubelle à nouveau. Mettez dans des cartons ce qui est pour les dons ou les ventes de garage. Mettez-les hors de la pièce ; vous avez besoin d'espace pour travailler. Maintenant que vous savez ce que vous laissez et ce que vous souhaitez conserver, vous pouvez juger assez précisément ce dont vous avez besoin en matière de rangement pour ce qui reste. Trouver quelques jolies boîtes ou paniers pour y place vos biens. Certains magasins vendent une vaste gamme de boites pour vous laisser le choix, ce qui rend votre travail plus facile. Il y a de belles boîtes recouvertes de tissu, des paniers ainsi que du carton, du grillage, de l'osier, et beaucoup plus. Rappelez-vous d'étiqueter les boîtes fermées, de sorte que vous sachiez toujours exactement où tout se trouve dans votre nouveau placard épuré.

Maintenant que vous vous êtes occupé de ce placard tant redouté, vous êtes prêt à vous attaquer au reste de la pièce. Repérez tous les objets empilés sur tous les meubles de votre chambre. Traitez les papiers et les piles de magazines.

Essayez de résister à l'envie de garder des piles et des piles de magazines que vous n'avez pas encore lus, bien qu'ils soient là depuis des mois. Vous pouvez essayer de les parcourir le soir, ou vous pouvez simplement les mettre dans une boîte ou un sac et les emmener à votre bibliothèque locale. Ils recyclent les vieux magazines, ou les vendent pour quelques centimes à ceux qui ne peuvent pas se payer des abonnements à des magazines coûteux. L'argent récolté va à la bibliothèque pour acheter de nouveaux livres. Tout le monde y gagne. Vous obtenez une zone de vie libre et épurée de tout magazine, et la bibliothèque fait également un peu d'argent.

Lorsque vous avez terminé de trier les objets indésirables de votre chambre et mis en boites ce qui reste, débarrassez-vous de la poussière, faites votre lit, passez l'aspirateur sur le tapis ou la serpillière. Essayez de vider la poubelle tout de suite et déplacer les dons ou les ventes de garage dans une autre pièce de la maison. Il est stimulant et important d'être en mesure de voir comme chaque pièce épurée devient magnifique.

Maintenant, vous pouvez répéter ces étapes pour chacune des autres pièces. Cela peut prendre quelques week-ends pour accomplir toute la tâche, en fonction de la taille de votre maison ou appartement.

Rappelez-vous de vous féliciter chaque fois que vous avez fini d'organiser une pièce. Personnellement, je vous recommande de prendre une photo de chaque pièce une fois terminée. Dans les prochaines semaines, ce sera un excellent moyen de vous rappeler, non seulement de ce que vous avez accompli, mais de vous rappeler exactement de quoi la chambre avait l'air après avoir terminé son organisation. Cela aide énormément dans l'entretien de la pièce ou de l'espace. Epinglez cette image et regardez-la souvent afin de garder la pièce comme sur la photo.

Après avoir travaillé si dur pour que cette pièce ressemble exactement à ce qu'elle devrait être, il est temps d'apprendre à la garder ainsi. Apprenez à ranger les choses dès que vous avez terminé avec elles. Mettez toujours les choses là où elles doivent être, de sorte que vous puissiez les trouver la prochaine fois que vous en avez besoin. Rappelez-vous ce que votre mère vous a toujours dit. "Une place pour chaque chose et chaque chose à sa place."

Donnez-vous un mois pour décider si ce nouveau système fonctionne pour vous. Si ce n'est pas le cas, réévaluez le système. Essayez une autre méthode, jusqu'à ce que vous trouviez ce qui fonctionne pour vous. Ca ne doit pas seulement être efficace, mais aussi être facile à entretenir. L'idée est que vous avez passé du temps et fait des efforts pour organiser votre espace, maintenant ce devrait être facile à suivre. Dix minutes par jour devraient suffire à mettre chaque pièce en bon ordre.

Gardez à l'esprit que vous n'abandonnez pas juste une vieille habitude, vous la remplacer par une nouvelle. Et rappelez-vous de ne pas retomber dans vos vieilles manières désordonnées. Après trois semaines, cela deviendra une habitude à laquelle vous ne penserez même plus ; vous le ferez, tout simplement. La satisfaction que vous retirerez à chaque fois que vous regarderez cet espace nouvellement organisé vous aidera à développer de bonnes habitudes pour le garder en ordre.

Quand vient le moment d'aborder les chambres des enfants, vous pouvez les inclure dans le processus (selon leur âge). Même les jeunes enfants pourront profiter d'être avec vous et de faire le tri de leurs biens. Vous constaterez peut-être qu'il est plus difficile de les amener à lâcher des objets que ce ne l'était pour vous.

Les enfants ont tendance à être plus matérialiste, surtout s'ils ont un grand nombre de choses à trier et de décisions à prendre. Soyez patient avec eux sur le processus de tri. Certains enfants ont du mal à se débarrasser de vieux jouets, même cassés. Vous ne voudrez pas jeter ce avec quoi ils aiment dormir, ou s'accrocher pendant la journée ou la nuit. Cet objet peut vous sembler vieux et dégoûtant, mais il représente la sécurité pour eux ; et en les forçant à s'en séparer, ce pourrait être traumatisant.

Puisque de nombreux jouets peuvent avoir de petits morceaux facilement perdus et brisés, il est essentiel de trier soigneusement. Convainquez vos enfants de la sagesse de jeter les jouets qui sont cassés et qui pourraient être dangereux pour eux. Les jouets qui ne correspondent plus à leur âge peuvent être transmis aux jeunes frères et sœurs ou donnés à des organismes de bienfaisance pour les enfants défavorisés.

Encouragez les petits enfants à prendre en considération les autres qui ne sont pas aussi chanceux qu'ils le sont et qui n'ont peut-être pas aucuns jouets. Encouragez la générosité à un âge précoce est une bonne chose. Vous pouvez donner l'exemple en faisant vos propres dons à des organisations caritatives. Laissez-les voir ce que vous faites. Les enfants imitent ce qu'ils voient.

Maintenant que les chambres de vos enfants sont triées et nettoyées, il est temps d'organiser les choses pour rendre plus facile pour eux de trouver ce dont ils ont besoin, que ce soit pour jouer ou pour apprendre. Assurez-vous que la chambre de votre enfant est appropriée à leur âge et à leur taille. Organisez leur placard avec des barres de suspension placées assez bas pour leur permettre d'atteindre leurs propres vêtements. Ils peuvent ainsi commencer à prendre la responsabilité de leurs vêtements et de leurs jouets au quotidien.

Soyez sûr de leur configurer une zone de jeu de belle taille, où ils peuvent étaler leurs jouets et leurs livres et se divertir à leur aise. Leur chambre devrait leur être attrayante en même temps que confortable pour dormir et pour jouer.

Une bonne façon d'aider les enfants à rester organisés avec leurs affaires est d'utiliser des codes de couleur. Beaucoup de magasins vendent des étagères et des cubes de couleur pastels adaptés à la taille des enfants. Mettez une image des jouets, livres, etc., sur les étagères ou sur les cubes aidera les enfants à apprendre où vont les choses dans leur chambre.

La meilleure façon d'encourager les enfants à rester organisé est de les guider chaque jour jusqu'à ce qu'ils apprennent la place de chaque chose (vous pouvez envisager de les laisser décider où stocker leurs différentes affaires). Et bien sûr, vous devez être un exemple pour ces enfants. Ils ne vont pas apprendre à être organisés si vous ne l'êtes pas. Les enfants apprennent ce qu'ils vivent. Si vous voulez qu'ils apprennent à être propres et à bien ranger leurs affaires, alors vous devez être propre et bien ranger les vôtres.

Selon l'âge de votre enfant, le nettoyage quotidien aura besoin d'être supervisé. Il ne suffit pas de hurler," Nettoyez votre chambre ! "Les enfants ont besoin d'instructions spécifiques. Pour les jeunes enfants, leur donner trois choses à accomplir et seulement trois à la fois. Tirez profit des émissions pour enfants qui passent à la télévision. Dora l'exploratrice est un bon exemple de la règle de trois. Chaque fois qu'elle va explorer, elle a trois objectifs à remplir, et seulement trois. Essayez cela avec vos enfants. Demandez-leur de ranger leurs livres, puis les blocs étalés sur le sol, puis toutes leurs poupées ou figurines. Ensuite, vérifiez avec eux pour voir comment ils ont fait. Continuez jusqu'à ce que la chambre soit propre et bien rangée.

Vous voulez que vos enfants continuent à rester organisés ? Dites-leur qu'ils on fait un excellent travail chaque fois qu'ils ont accomplit une tâche. Pour les jeunes enfants, vous pouvez envisager de mettre en place un système de récompense pour les tâches accomplies.

Si vous habituez vos enfants à rester organisés et à ranger à un âge précoce, ça restera avec eux tout au long de leur vie.

Rappelez-vous cependant que les pousser trop durement les fera aller dans la direction opposée. Il ne faut pas aller à l'extrême.

Et puisque nous parlons de garder les enfants organisés, nous pouvons aussi aborder le problème de comment rester organisé. Dans l'intérêt de la santé mentale et du bonheur de la famille, il y a des choses que vous pouvez faire pour rendre ce processus plus facile et véritablement indolore pour tout le monde.

Le soir, vérifiez votre propre agenda ainsi que celui de vos enfants. Déterminez qui va où et à quelle heure, ainsi que les activités parascolaires, les leçons, les pratiques, etc. Savoir où vous devez être et à quelle heure vous devez y être rendra la gestion du temps beaucoup plus facile pour vous et vos enfants.

Préparez et emballez les déjeuners de chacun la veille. Parfois, vous n'avez juste pas le temps pour ce genre de choses le matin même, surtout si tout le monde est en retard. Mettez de côté chaque repas dans le réfrigérateur bien en évidence, avec le nom de chaque personne sur le sac approprié contenant le déjeuner. De cette façon, chacun emmènera ce qu'il ou elle aime le mieux pour le déjeuner, sans confusion possible. Et n'oubliez pas votre propre déjeuner. Vous pouvez aussi préparer la cafetière pour le matin. Ainsi, tout ce que vous aurez à faire le matin sera de presser le bouton. Le café coulera pendant que vous vous préparerez pour la journée.

Ayez les vêtements de tout le monde prêts la veille. Tout ce qui doit être repassé doit l'être avant le coucher. Ce n'est pas en début de matinée qu'il faut découvrir que la tenue que votre fille veut porter est un chiffon tout froissé. Assurez-vous que votre propre tenue est prête et impeccable également.

Assurez-vous que ce que vous voulez servir pour le petit déjeuner est prêt. Vous pouvez aussi envisager d'avoir une sorte de petit-déjeuner transportable disponible pour les cas d'urgence, pour les matins plus agités que d'habitude. Croyez-moi, même avec une planification minutieuse, il y aura encore des matins dont la confusion défient l'imagination. Ayez toujours un plan de sauvegarde.

Demandez à vos enfants de réunir tout ce dont ils ont besoin pour le lendemain, que ce soit des livres ou des papiers, les devoirs, ou quelque chose en particulier qu'ils doivent emmener à l'école. Assurez-vous que leurs cartables soient prêts. N'oubliez pas de préparer vos propres affaires la veille, tels que votre sac à main ou votre mallette. Si vous possédez un téléphone mobile, assurez-vous qu'il soit rechargé pour le lendemain matin. Un téléphone mobile déchargé n'est rien d'autre qu'un presse-papiers.

Gardez votre santé mentale et préservez un esprit d'équipe positif en étant juste un peu mieux organisé et en préparant les choses la veille. Cela vous procurera des débuts de journée agréables et sereins. Qui sait, vous pourriez même vous dégager quelques minutes de plus pour dormir, au lieu de vous lever et de vous précipiter dans tous les sens.

Comment organiser votre bureau

« Le paresseux appelle chance le succès du travailleur ».
Proverbe anglais

Maintenant, vous avez votre maison et votre famille bien organisés. Maintenant, vous êtes prêt à vous attaquer à votre espace de travail et à votre vie là-bas. Au travail, l'organisation commence avec vos relations, avec vos collègues et votre patron.

Tout comme vous avez fait avec votre espace de vie dans la maison, regardez attentivement votre liste de choses à faire au travail. Combien de choses sur cette liste sont vitales, urgentes, importantes ? Soyez honnête avec vous-même. Est-ce la fin du monde si vous ne faites pas chaque tâche sur cette liste ? Débarrassez-vous des éléments non essentiels de cette liste ; vous économiserez plus de temps en vous concentrant sur les tâches importantes à la place.

Ne confondez pas le travail productif avec le côté créatif des choses. Paraitre occupé n'est pas l'objectif de l'exercice. Trouver ce qui est vraiment important et essentiel l'est. Ne laissez pas les choses banales du quotidien prendre le pas sur le travail réel à accomplir. Si vous avez l'impression que vous passez vos journées à régler des choses sans importance, il vous faut réévaluer votre mode de fonctionnement. Où allez-vous trouver le temps pour être créatif et productif sinon ?

Donc, il est temps de réorganiser vos priorités de travail. Etudiez avec soin la description de votre poste. Les frontières de vos tâches initiales commencent-elles à être floues ? Avez-vous le sentiment que vous avez progressivement été sollicité pour des choses qui ne relevaient pas de vos prérogatives à l'origine ? Avez-vous aidé un collègue sur une tâche pour finalement vous apercevoir qu'au fil du temps, mystérieusement, c'est devenu une partie de votre travail quotidien ? Peut-être est-il temps de revenir à l'essentiel.

Acceptez le fait qu'il y aura des tâches que vous n'aurez jamais le temps de faire. Si vous vous sentez coupable et déçu en vous-même de ne pas accomplir ces tâches, vous empêchez votre propre productivité. Affrontez les faits, vous ne pouvez pas tout faire, ça ne va pas se produire. Vous allez seulement vous tirer vers le bas en essayant, puis vous sentir coupable de ne pas être en mesure de tout faire.

Gardez à l'esprit que de longues heures de travail, jour après jour pendant des mois finiront par fausser votre point de vue sur certaines tâches. Vous perdrez de vue ce qui est vraiment important.

C'est là où l'organisation de vos priorités entre en jeu. Beaucoup de gens remplissent leurs listes de choses à faire avec des tâches non essentielles qui sont conçues pour les faire se sentir occupés, mais sont totalement inutiles et sont en fait des pertes de temps. Il est temps de refaire cette liste, avec rien d'autre que les tâches essentielles.

Afin d'accomplir cela, vous découvrirez peut-être que vous aurez à cesser de faire plaisir aux gens et apprendre à dire «non». Si cela ne fait pas partie de votre travail et que vous n'avez vraiment pas le temps pour aider les collègues, vous pouvez le dire. Peut-être qu'ils ont besoin d'un peu de réorganisation. Afin d'être plus productif et de perdre moins de temps, vous devez apprendre à bien planifier votre journée. Soyez réaliste quant à ce que vous pouvez accomplir dans les délais. Définissez vos priorités et travaillez dessus.

Regardez chaque tâche sur votre liste et déterminez quand elles doivent être terminées. Si elles doivent être terminées d'ici la fin de la journée, mettez-vous au travail maintenant. La semaine prochaine ou le mois prochain n'est pas prioritaire sur les tâches du jour. Procurez-vous un calendrier pour votre bureau et notez toutes les obligations et leurs dates d'échéance. Vous garderez l'esprit concentré sur les tâches et sur le temps.

Si vous pouvez le gérer, sans tergiverser indéfiniment, essayer de déterminer si certains de ces projets peuvent être mis en arrière-plan pour quelques temps, pendant que vous traitez les projets qui sont à faire dans les prochains jours.

Y a-t-il des étapes qui peuvent être omises, pour réduire le temps qu'il vous faudra pour accomplir une tâche ? Soyez prudent en prenant certains raccourcis. Des travaux de mauvaise qualité n'impressionneront pas votre patron, vos collègues ou vos clients.

Maintenant il est temps d'aborder le mot « délégation » ! Ce n'est pas un gros mot, et cela ne signifie pas que vous ne pouvez pas gérer votre travail. Si vous aimez tout contrôler, il est possible que vous ayez un vrai problème pour confier des tâches à quelqu'un d'autre. Vous avez été élevé avec cette vieille homélie qui dit : «Si vous voulez quelque chose de bien fait, faites-le vous-même." Seulement, vous ne faites pas nécessairement bien les choses non plus, parce que vous avez trop de choses à gérer ; et vous vous saisissez d'une autre tâche qui pourrait tout aussi bien être faite par votre assistant, votre secrétaire, ou quelqu'un d'autre.

Est-ce la peur de perdre le contrôle qui vous empêche de déléguer cette responsabilité ? Ou peut-être pensez-vous que cela prendrait trop de temps pour expliquer à quelqu'un comment vous voulez que le travail soit fait ? Ou craignez-vous que les autres vous voient comme moins compétent ? Vous pourriez même ne pas aimer l'idée d'empiéter sur le temps de quelqu'un d'autre. Après tout, vous n'aimez pas quand quelqu'un fait cela avec vous. Vous pouvez même craindre des conséquences négatives ; l'ego est impliqué quand au fait de demander de l'aide.

Mais pensez-y. Comment allez-vous faire pour gérer les gros travaux si vous ne laissez pas quelqu'un d'autre vous aider avec les petites corvées du quotidien ? Déléguer ou ne pas déléguer, telle est la question.

Si vous avez du temps de transport le matin, utilisez-le pour établir des priorités pour les événements de la journée. Quand vous savez exactement par quelle tâche vous allez commencer chaque jour, vous ciblez mieux. Vous vous apercevrez que vous perdez moins de temps dès le matin, si vous savez ce que vous devez faire à l'avance. Faire un calendrier des tâches à accomplir pour chaque jour est un excellent moyen pour vous garder sur la bonne voie.

Ayez toujours un plan B cependant ; vous ne savez jamais ce qui va se passer. On dit que les plans les mieux conçus vont souvent de travers, alors assurez-vous d'avoir un plan de sauvegarde. Rappelez-vous la loi de Murphy, "tout ce qui peut éventuellement se produire arrivera". Si vous prévoyez toutes les éventualités, vous êtes couvert et peu importe ce qui arrivera, vous serez prêt. Rien n'est sculpté dans le marbre ; essayez d'être flexible avec vos horaires.

Une erreur commune que les gens surmenés font est d'essayer de garder trop de choses à faire en même temps. « Multitâche » sonne bien et fait productif, mais peut en réalité travailler contre vous, votre temps et votre productivité. Avoir un grand nombre de projets en cours en même temps semble efficace, mais pas si vous finissez jamais l'un d'eux. Persévérez sur un projet autant que vous le pouvez jusqu'à ce qu'il soit terminé. Vous pouvez ralentir pendant que vous attendez que les autres terminent leurs parties du travail. C'est à ce moment que vous pouvez mettre un projet en veilleuse et vous attaquer à autre chose pendant que vous attendez.

Beaucoup de gens obtiennent une véritable satisfaction du fait de terminer une tâche et de la rayer de la liste des choses à faire. Rester concentré est la clé ici. Beaucoup de gens aiment démarrer de nouveaux projets ; c'est en fait terminer ces projets qui leur pose problème. Malgré cela, ils vont quand même faire un autre projet, en laissant probablement la moitié de l'autre inachevée, puis passer au projet suivant, et au suivant, et au suivant. Faites de votre mieux pour rester sur un projet jusqu'à son achèvement. Il y a plus de satisfaction à terminer une tâche qu'à en démarrer une.

Vous trouvez peut-être que votre journée est remplie d'ennemis chronophages potentiels, rôdant dans chaque coin, attendant pour gêner votre concentration et vous distraire des tâches importantes. Certaines de ces pertes de temps se dissimulent en travail légitime, mais méfiez-vous de ne pas vous retrouver épuisé à la fin de la journée.

Certaines de ces « ennemis » sont trompeusement déguisés en collègues. Ils se tiennent autour de la machine à café, trainent autour de votre bureau ou autour de votre porte, bavardent. Dommage qu'ils ne soient pas concentrés sur le travail. Vous pouvez avoir à être ferme quand il s'agit de gens sympathiques. Peut-être pourriez-vous leur faire savoir que quand votre porte est fermée, cela signifie que vous êtes occupé ; et à moins que ce ne soit crucial, ils devraient revenir plus tard ou garder le bavardage pour l'heure du déjeuner. Vous pouvez également mettre votre téléphone sur messagerie vocale et désactiver les notifications de réception d'emails.

Et bien que ce soit la nature humaine de se diriger vers les tâches routinières, les plus faciles, plutôt que d'aborder le travail plus difficile, c'est juste une autre façon de perdre du temps. La procrastination ne vous aidera pas. Non seulement traiter le problème complexe en premier est une gestion intelligente de votre temps, mais vous vous sentirez beaucoup mieux de l'avoir réglé très tôt. Cela vous donnera un vrai regain d'énergie mentale et physique. Félicitez-vous et passer à la tâche suivante. En finissant le travail dur en priorité, le reste de la journée se déroulera très sereinement.

Si vous permettez à cette tâche difficile de vous hanter toute la journée, à vous dire que vous aurez à faire à elle finalement, votre journée sera ruinée. Voilà tout ce que vous serez capable de penser toute la journée.

Si vous êtes dans un poste de direction et en charge de réunions, gardez à l'esprit le temps que prennent ces réunions sur la journée de chacun. Essayez de planifier ces réunions afin que vos employés puissent en faire plus. S'ils passent leur temps assis à des réunions interminables, ils ne font rien d'autre. Si ce n'est pas vous qui êtes en charge de ces questions, peut-être qu'une suggestion à la bonne personne pourrait améliorer la situation. Au lieu de rapports quotidiens, peut-être qu'ils pourraient être programmées une fois par semaine ou deux fois par mois.

Une des plus grandes pertes de temps dans un bureau moderne est l'email, et l'incessant besoin des employés de vérifier leur boîte de réception. Beaucoup de professionnels de l'organisation d'aujourd'hui vous conseilleront d'éviter de consulter votre boîte de réception durant la première heure de votre journée de travail.

Si vous ne faites pas attention, vous serez aspiré par le besoin de lire toute votre boîte de réception et de traiter chaque message. Cela peut très bien vous prendre la totalité de votre matinée et cette tâche importante sera toujours en attente quand vous reviendrez de déjeuner ; ou alors oubliez votre déjeuner et rattrapez-la. N'accordez que très peu de temps à la lecture et aux réponses à vos emails.

Bien, vous savez comment éviter de gaspiller votre temps et comment vous concentrer sur ce gros projet que vous devez rendre dans quelques jours. C'est une bonne chose, continuez à faire du bon travail ! Quoi que vous fassiez, si vous êtes au milieu d'une phase de travail très productive, ne vous arrêtez pas pour vérifier votre boîte email. Vous allez perdre le fil de vos pensées ; le flux de votre créativité sera arrêté. Il est difficile de repartir quand ce genre d'interruption se produit. Attendez jusqu'à ce que vous ayez décidé de prendre une pause. Mais attention ! Assurez-vous que la pause consacrée aux emails ne mange pas tout votre temps de travail et ne vous distraie pas trop. Quant à savoir si l'email est un économiseur de temps ou un voleur de temps, le jury n'a pas tranché.

Que vous soyez un emailer moyen (recevant seulement une vingtaine d'emails et en envoyant environ cinq) ou soyez considéré comme un emailer important (cinquante emails par jour pour l'envoi de vingt en moyenne), vous devez trouver des moyens pour faire face à tous les messages. Pour commencer, vous pouvez désactiver le système d'alerte de réception. C'est mignon au cinéma, avec l'ordinateur disant "Vous avez un message !". Cela cesse d'être mignon quand vous l'entendez toutes les cinq minutes.

Si les emails peuvent être traités rapidement et facilement, alors bien sûr traitez-les dès que possible. Si un message nécessite une longue réponse, vous voudrez peut-être le garder pour plus tard, si vous avez plus de temps. Parfois, une réponse peut être assez succincte pour entrer dans la ligne d'objet, rendant facile le traitement de la question. Si cela est impossible, dites au moins à la personne ce dont vous avez besoin en premier lieu, faites court et cordial.

Si vous travaillez chez vous

« Remets à demain ton repas, mais non ton travail ».
Proverbe kurde

Beaucoup de gens rêvent d'être en mesure de travailler à partir de chez eux, gérant leur propre entreprise à domicile. Ils rêvent d'avoir des horaires plus souples, de pouvoir aller déjeuner avec des amis, de travailler à tout moment de la journée selon leur choix, et ne pas avoir un patron qui regarde par-dessus leur épaule. Ah ! Quelle liberté!

Toutefois, la gestion du temps est souvent plus difficile pour la personne qui travaille à son domicile que pour quelqu'un plongé dans une atmosphère de bureau classique. Le travailleur à domicile doit apprendre à être auto-discipliné. Il n'y a pas de patron derrière pour vérifier ce que vous faites et s'assurer que vous êtes sur la bonne voie. C'est aussi un lieu de travail où vous pouvez vous sentir très seul, car il n'y a pas de collègues de bureau à votre domicile.

Il est plus important que jamais d'avoir votre calendrier établi la veille ; dès que vous vous levez et vous préparez à commencer votre journée, vous devez savoir quoi faire en premier. Essayez d'analyser votre semaine de travail pour déterminer où vous perdez du temps et où vous pouvez économiser et trouver plus de temps pour terminer vos projets.

Il y a des pertes de temps qui rôdent, même en travaillant à domicile. La flexibilité apporte avec elle un prix à payer. Vous pouvez ne pas avoir de temps, même pour aller déjeuner, à moins que vous n'ayez une réunion avec un client. Le rêve de travailler quelques heures, puis sortir avec des amis tout l'après midi n'est juste que ça - un rêve. Si vous êtes le seul travailleur dans votre petit bureau à la maison, vous n'aurez pas le temps de sortir, sauf si c'est lié d'une manière ou d'une autre à votre entreprise.

Au lieu de collègues gravitant autour de votre bureau, ce peut être tout simplement des amis qui passent vous voir pour vous proposer d'aller prendre un café ou un déjeuner. A leurs yeux, vous travaillez à la maison, de sorte que vous pouvez simplement tout laisser tomber, car votre horaire est si flexible. Vous devez être clair avec ces gens bien intentionnés. Faites-leur savoir que ce n'est pas parce que vous travaillez à la maison que vous pouvez tout laisser tomber et vous amuser. Le travail à domicile est toujours du travail. Si vous vous arrêtez à chaque fois que quelqu'un veut vous voir, vous vous retrouverez à devoir travailler la nuit ou le week-end et vous aurez peu de temps pour vous reposer et vous détendre.

Les appels téléphoniques peuvent également être un problème au bureau à domicile. Les mêmes amis qui prennent votre temps dans votre bureau peuvent vouloir vous appeler pour bavarder alors que vous avez des délais à respecter et des tonnes de choses à faire.

Dans ce cas, la messagerie vocale vaut son pesant d'or pour le travailleur à domicile. Lorsque vous êtes au milieu d'un projet et que le téléphone sonne, laissez votre messagerie vocale ou répondeur prendre l'appel.

Ne laissez pas le téléphone vous interrompre au milieu d'un projet. Plus tard, quand vous prenez une pause, rappelez autant que vous le pouvez, à commencer par les appels concernant votre entreprise. Une fois de plus, vos amis devront apprendre que ce n'est pas parce que vous travaillez à la maison que vous avez le temps de bavarder au téléphone. Rappelez-les dans la soirée, lorsque vous pourrez vous détendre et prendre votre temps ; pas pendant que vous travaillez.

Organiser votre messagerie ne prend que quelques minutes par jour et peut vous épargner de nombreuses heures. Ne laissez pas des tonnes de mails s'entasser sur votre ordinateur. Traitez avec eux tous les jours. Les professionnels vous conseilleront de traiter chaque email une seule fois. Si c'est urgent, répondez immédiatement.

Si c'est important, mais pas urgent, épinglez-le sur un tableau. Si vous le laissez sur votre bureau, il sera recouvert par d'autres choses et vous le perdrez. Si c'est quelque chose que vous devez attendre, classez-le tout de suite. Les courriers indésirables ou inutiles devraient être mis dans ce fichier arrondi sur votre bureau, mieux connu sous le nom de « corbeille ».

Pour ceux qui travaillent à la maison, il est encore plus important de développer des compétences en gestion du temps personnel. Si vous ne pas gardez une trace de votre calendrier, qui le fera ? Vous devez apprendre à vous fixer des objectifs réalistes et un plan pour l'achèvement des projets. Priorisez vos tâches, prenez des décisions et planifiez soigneusement votre temps de travail, le temps de travail en réseau, les réunions clients et les délais.

En fonction de votre entreprise, la délégation peut être un peu plus compliquée que dans un bureau classique. Et n'oubliez pas que déléguer est une forme d'art. Ceux qui travaillent totalement seul n'ont personne d'autre à qui déléguer des tâches, non ? Pas du tout ! Ce peut être plus difficile au début, quand vous êtes juste financièrement et que vous devez faire tous les travaux vous-même. Une fois que vous commencez à rentrer de l'argent, il pourrait s'avérer plus économique de sous-traiter certaines des tâches que vous gérez actuellement.

Par exemple, le travail administratif simple comme classer, copier, diffuser, etc. qui peut beaucoup de temps, pourrait être fait par un secrétaire intermittent. L'embauche d'un étudiant pour vous aider pourrait vous faire économiser de l'argent en libérant votre temps et en vous permettant de vous concentrer sur les tâches importantes qui vont apporter plus de fonds.

Si votre gain horaire est de 100 € de l'heure, vous devriez vous concentrer sur le travail qui rapporte 100 €, et non sur les corvées banales que vous pourriez faire exécuter pour 10 € de l'heure par un étudiant. Au lieu de passer du temps à nettoyer votre maison, confiez cette tâche à un professionnel du ménage et concentrez-vous à votre travail vous rapportant 100 € de l'heure. Faire autre chose que ce que vous devez faire est un gaspillage de votre temps et vous coûte réellement de l'argent.

Aussi merveilleux que le travail à domicile puisse être, il y a quelques inconvénients aussi. Il y a certainement plus de distractions à la maison que dans un bureau classique. À la maison, il est très facile d'être attiré loin de votre travail par l'appel de sirènes externes, comme la télévision. Les pauses-café deviennent un problème, tout comme le réfrigérateur à portée de main, si pratique, et même trop pratique. Pour les femmes qui travaillent à domicile, le besoin de faire certaines tâches ménagères peut aussi être un problème. "Mais c'est si facile, je vais juste charger une machine puis pas de problème", pourriez-vous penser. C'est juste une autre distraction. Retournez travailler !

Une fois que vous développez une routine dans votre bureau à domicile et une discipline sérieuse, vous êtes bien. Certains jours, vous serez tellement productif, vous allez accomplir tant de choses, honorer toutes vos échéances, satisfaire les clients, et faire tant de tâches que vous serez totalement satisfaits. Si seulement chaque jour pouvait être comme ça !

Mais certains jours, vous serez constamment distrait ou interrompu, vous aurez à traiter avec des clients insatisfaits, vous ne tiendrez pas vos échéances, et vous vous sentirez comme si vous n'en faisiez jamais assez. Acceptez simplement qu'il y aura des jours comme ça et essayez de progresser. Au lieu de vous plaindre quand des jours comme ça se produiront, avancez et décrétez que le lendemain sera différent.

Restez détendus et suivez méticuleusement votre agenda. Mieux vous serez préparé, mieux vous aurez planifié les choses et moins ces jours sombres seront susceptibles de se produire, en tout cas moins souvent. Rappelez-vous de ce plan B que vous êtes censé avoir et revenez-y. Lorsque des jours comme ça arrivent, il suffit de vous reprendre, vous secouer et recommencer.

Si vous êtes à la tête de la maison et travaillez à domicile, ou une mère exploitant une entreprise à partir de votre maison, il y a d'autres distractions à considérer. C'est vrai. Vos enfants (bénis soient-ils) peuvent être la plus grande distraction pour vous. Quand ils sont à l'école, il y a une atmosphère calme, propice à beaucoup de travail ; mais quand ils sont à la maison, c'est un jeu tout différent.

Vous aurez besoin de travailler dans une pièce que vous pouvez fermer et essayer de garder silencieuse, surtout si vous avez besoin de parler affaires à d'autres gens ou à des clients par téléphone. Rien ne fait plus "non professionnel" que le cri d'un petit enfant au beau milieu de votre conversation avec un nouveau client.

Si vos enfants sont assez grands pour comprendre que vous avez besoin de paix et de calme, surtout lorsque vous êtes au téléphone, alors c'est très bien. Les enfants et les bébés, c'est une autre histoire. C'est là où vous voudrez peut-être déléguer un peu, par l'embauche de quelqu'un pour garder un œil sur vos petits chéris pendant que vous travaillez, au moins pour quelques heures.

Savoir comment équilibrer votre vie professionnelle et votre vie de famille est un peu plus difficile lorsque vous travaillez à partir de votre domicile. Il est important de définir une limite et de savoir laisser votre travail, fermer votre bureau, éteindre le téléphone consacré aux affaires et vous donner le temps de vous détendre et de profiter de votre famille.

Les personnes seules travaillant à domicile ont plus de mal pour cela, cependant, surtout si elles sont débordées ; elles sont plus susceptibles de travailler tard dans la nuit, et le week-end, parce qu'elles n'ont pas de famille à qui donner de leur temps. Ainsi, il est encore plus important pour elles d'avoir une heure pour arrêter et se rappeler que la journée est terminée.

Dans un logement surpeuplé, avoir une pièce séparée à utiliser comme bureau est obligatoire pour une efficacité maximale. Non seulement elle va vous donner autant d'intimité que vous pouvez espérer, mais elle va aider à séparer votre vie professionnelle de votre vie à la maison. Laissez les autres savoir que lorsque la porte est fermée, vous êtes occupé à travailler et ne devriez pas être dérangé, sauf pour les urgences graves.

Maintenant que vous avez un espace de travail dans votre maison qui est tout à vous, nous allons parler de comment l'organiser et le garder ainsi.

Commençons par votre bureau, puisque la plupart d'entre nous ont des ordinateurs dans nos maisons ; et pour les entreprises à domicile, c'est essentiel. La plupart des CPU de ces jours sont sous la forme de tours et peuvent être stockés sous votre bureau, et ne prendront pas un espace précieux sur le bureau. Achetez un bureau assez grand pour y poser le moniteur et vous laisser encore beaucoup d'espace pour les nécessités comme les stylos et les crayons, l'agrafeuse, les trombones et les supports, ainsi que des paniers ou autres récipients pour les papiers nécessaires au travail quotidien.

Gardez un calendrier dans un endroit bien en vue sur votre bureau ou au-dessus. Notez tous les rendez-vous, les délais, et les événements spéciaux que vous ne voulez pas oublier. Assurez-vous que vous avez une horloge quelque part dans votre bureau et garder l'œil dessus pendant la journée. Être en retard aux rendez-vous fait juste amateur.

Assurez-vous que la lumière est suffisante dans votre bureau ; un éclairage insuffisant va fatiguer vos yeux et vous donner des maux de tête. La lumière naturelle est préférable, si possible, bien que vous devriez avoir une bonne lampe pour les jours où il fait sombre et les soirées où vous devez travailler.

Un tableau d'affichage au-dessus de votre bureau est un endroit idéal pour y accrocher des notes et des informations importantes que vous ne pouvez pas vous permettre de perdre. Regardez périodiquement ce qui y est cloué et supprimez les mémos périmés. C'est également l'endroit idéal pour garder quelques photos d'êtres chers, afin de vous remonter le moral de temps en temps.

Un meuble de classement ou deux sont indispensables pour le travail à domicile. Ils sont disponibles en différentes tailles (armoires régulières, classeurs latéraux), en fonction de la taille de votre bureau et de vos besoins individuels. Lors de l'achat de ces classeurs, n'oubliez pas d'acheter également des dossiers et tiges de suspension. Le classement est d'une grande importance, surtout si votre bureau est très petit. Classez tous les fichiers dès qu'ils pénètrent dans votre bureau et balayez régulièrement tous vos fichiers pour gardez tout cela à jour, en supprimant tout ce qui n'est plus d'actualité.

Rappelez-vous de ranger votre bureau à la fin de votre journée de travail, rangez les dossiers que vous avez fini de traiter et préparez les dossiers pour le travail du lendemain. Nettoyez votre bureau à la fin de la semaine. Il est important de rester organisé ; ne laissez pas les choses s'accumuler.

Il vous faudra plus de temps trier et classer de grandes piles de papiers une fois par mois que si vous ranger chaque jour ou même à la fin de chaque semaine. Cela permet d'économiser du temps et de l'énergie. L'organisation doit être maintenue, ou votre bureau reviendra au désordre d'origine.

Gérer son temps, même lorsque l'on travaille à la maison, est essentiel. Si vous avez une grande famille, la vie peut être bruyante et agitée pendant la journée. Vous lever plus tôt vous donnera le moment de calme dont vous avez besoin pour commencer votre journée en douceur.

Quel que soit le planning que vous choisissez, il est important que vous vous y teniez autant que possible. La flexibilité est agréable, mais le travail doit quand même être fait. Alors essayez de vous tenir au calendrier que vous avez fixé vous-même.

Quel que soit le type de support que vous décidiez d'utiliser (calendrier classique, agenda électronique, tableur Excel « maison », etc.), imprimez-le ou laisser-le en évidence et utilisez-le tous les jours. Chaque support de planification doit contenir :

- Les tâches qui doivent être achevées.

- Les délais ou les dates d'échéance.

- Toutes réunions nécessaires pour effectuer ces tâches.

- Un délai estimé pour l'achèvement de chaque tâche.

Une fois que vous savez à peu près combien de temps cela devrait vous prendre pour effectuer chaque tâche, définissez de plages pour remplir ces tâches.

Vous pouvez également imprimer des feuilles quotidiennes de planification avec tous les rendez-vous, réunions, appels téléphoniques, documents de travail nécessaire, les tâches quotidiennes, et bien sûr, le temps dont vous pensez avoir besoin pour les accomplir.

N'oubliez pas de planifier aussi les projets à venir dont vous êtes déjà sûrs, le délai estimé pour terminer ce travail, et les échéances ou les dates d'échéance. Correctement planifier un projet à venir engendrera beaucoup moins de stress pour plus tard. Une bonne préparation enlève beaucoup d'incertitude, ce qui signifie une pensée plus claire et moins de stress.

Si le projet est livré avec un délai préétabli, faites de votre mieux pour coller à lui et terminer le projet avant la date d'échéance. S'il n'y a aucune date d'échéance particulière, attribuez votre propre date limite pour l'achèvement du projet. Il y a un vieux proverbe écossais qui dit : «Ce qui peut être fait à n'importe quel moment ne se fera jamais."

Quant à votre liste de choses à faire, ne la laissez pas devenir un substitut à l'action. Passer trop de temps à faire votre liste fonctionne contre vous, car en réalité cela vous empêche de démarrer.

Au fil de votre journée de travail, vous trouverez peut-être nécessaire d'ajouter ou de soustraire des choses de votre feuille de planification. Des évènements se passent, il y a des changements et vous devez vous adapter. Ce projet qui était censé être livré en trois mois vient d'être ramené à quatre semaines de délai à partir d'aujourd'hui. Que faire ? Il ruine peut-être votre organisation et vient gâcher votre calendrier, mais il doit être fait. D'autres projets peuvent être mis de côté pour un temps, voire indéfiniment. Cela signifie probablement de longues heures à devoir rattraper tout ça, mais vous devez être préparé pour toutes les éventualités. Toujours être prêt pour l'inattendu ; vous ne savez jamais ce qui va arriver.

Et quand cela se produit, ou que tout simplement vous travaillez sur un grand projet en particulier, pensez à vous accorder une pause de temps en temps. Des études sur la concentration humaine montrent qu'elle monte et descend par cycles de 90 minutes. Ainsi, chaque heure et demie, vous devriez prendre une pause de dix minutes. Cela permet d'accroître votre capacité de travail. Si vous travaillez sur un ordinateur, il est important de reposer vos yeux de temps en temps. Trop de temps à regarder l'écran, surtout si vous devez lire beaucoup de documents en ligne, finira par vous rendre somnolent.

Prenez en compte votre niveau d'énergie pendant la journée. Ne prévoyez pas un énorme projet à un moment où votre niveau d'énergie est à son plus bas; vous aurez du mal à vous concentrer autrement. Ne vous laissez pas devenir trop fatigués ou affamé ; il est difficile de se concentrer sur le travail lorsque tout ce que vous voulez faire est de vous coucher pour une sieste, ou si la pensée de la nourriture a priorité sur votre travail.

Et pour vous aider à rester concentré, prenez le temps de penser au tableau dans son ensemble - l'avenir que vous voulez pour vous-même et votre famille. Profitez de votre temps, votre travail et votre vie. Gardez à l'esprit les objectifs et buts spécifiques que vous souhaitez atteindre. Garder vos yeux sur le but va vous aider à éviter de faire des détours malheureux sur le chemin de votre avenir. Oubliez les à-côtés inutiles et concentrez-vous sur ce que vous voulez vraiment.

Oubliez le passé, il est passé ; l'avenir n'est pas encore là ; concentrez-vous sur l'ici et maintenant et apprenez à devenir organisé. L'avenir sera là bien assez tôt.

Comment organiser vos finances

« Ne mettez pas votre confiance dans l'argent, mais mettez votre argent en confiance ».
Oliver Wendell Holmes

En nettoyant vos placards, avez-vous déjà trouvé une vieille boîte à chaussures pleine de reçus, de relevés et de factures ? Maintenant, il est temps de cesser de tergiverser et de réorganiser votre vie financière. Vous très bien su redresser votre vie personnelle et professionnelle, il est temps de gérer la partie financière à présent.

La plupart des gens qui sont désorganisés en ce qui concerne leur logement et leur travail le sont aussi en ce qui concerne leurs finances. Vivre dans le désordre est une habitude difficile à briser. Rares sont les personnes qui aiment se plonger dans des cartons entiers de reçus, chèques annulés, factures et relevés de carte de crédit.

Une rage de dent parait plus glamour que le fait de tenter d'équilibrer ces chéquiers. Ça n'a pas à être ainsi. Rappelez-vous ce que vous avez ressenti lorsque vous avez conquis la désorganisation du reste de votre maison et de votre bureau. Croyez-moi, vous vous sentirez tout aussi bien, voire mieux, après avoir traité le gâchis que vous faites avec votre argent.

Prévoyez quelques heures pour faire face à cette paperasse. Commencez par exemple par cette boîte de papiers que vous avez trouvé en nettoyant votre placard. Puis rassemblez tous les papiers, déclarations, factures, dossiers, et tout ce qui constitue votre vie financière, et posez tout sur la table de la salle à manger. N'oubliez pas de regarder dans votre sac à main, vos poches, etc. partout où vous avez pu cacher un reçu ou deux. Placez une corbeille près de la table. Armez-vous de nouveaux dossiers, de grandes enveloppes, de stylos et d'autocollants de couleur. Vous pouvez acheter un petit classeur juste pour les factures, etc.

Commencer à trier ces piles de papiers. Les paiements dans une pile, les entrées d'argent dans une autre, les relevés de carte de crédit dans une autre, des talons de chèque dans une autre encore, etc. jusqu'à ce que vous ayez classé chaque papier. Jeter les anciens reçus qui ne sont plus utiles. Utilisez des autocollants de couleur pour vous aider à garder tout en ordre et organisé.

Ouvrez un dossier pour l'année en cours et rangez vos reçus et papiers courants à l'intérieur. Les factures payées doivent être rangées ailleurs que dans votre classeur et les factures impayées doivent être conservées dans un dossier différent, afin de ne pas être oubliées. Il existe de nombreux outils dans votre magasin de fournitures de bureau pour vous aider à vous organiser sur une base mensuelle, quand vient le temps des factures à payer. Utilisez tout ce qui est pratique pour vous et vous aide à rester à jour.

Un calendrier avec vue mensuelle est très pratique et très simple à utiliser pour le paiement des factures. Inscrivez chaque facture avec la date à laquelle elle est due et cela pour chaque mois de l'année. Gardez ce calendrier sur votre bureau, à portée de main, de sorte que vous ne l'oublierez pas. Comme vous payez chaque facture, rayez-les du calendrier. Un coup d'œil sur chaque mois montre quelles factures ont été réglées et lesquelles demandent encore votre attention.

Une fois que vous avez pris soin de ranger tous les documents à leur place, il est temps d'en arriver à ce chéquier. Si ça fait plusieurs mois que vous avez laissé de côté cette tâche, cela peut vous prendre un certain temps à rattraper, mais il est essentiel que vous sachiez exactement où vous vous situez financièrement. Essentiellement, équilibrer votre chéquier consiste à ajouter tous les dépôts que vous avez effectués chaque mois et à soustraire tous les chèques émis. C'est aussi simple que ça. N'oubliez pas d'inclure les retraits aux distributeurs automatiques de billets, tous les frais éventuels pour ces retraits ainsi que tous les autres frais bancaires.

Aujourd'hui, la carte de paiement émise par votre banque remplace avantageusement les chèques papier réels et est merveilleusement pratique. Il est plus rapide de payer par carte que de remplir des chèques et cela rend le shopping plus facile. Cependant, il y a quelques inconvénients, qui ne seront pas un problème pour vous avec un peu d'organisation. Chaque fois que vous utilisez votre carte de paiement, soyez sûr d'en garder une trace dans vos comptes. Dressez la liste des informations nécessaires - où vous avez utilisé votre carte et pour combien. Croyez-moi, vous ne vous en souviendrez plus si vous attendez trop ; et sauf si vous utilisez un compte bancaire en ligne, vous ne saurez plus où vous en êtes avec votre solde bancaire.

La configuration d'un compte en ligne via votre banque ne prend que quelques minutes et peut vous faire économiser beaucoup soucis. Les traces papier sont valables bien sûr, mais gardez à jour votre solde bancaire par internet sur une base quotidienne est beaucoup plus sûr.

Merci à la technologie, vous pouvez gérer facilement vos comptes de nos jours. Les programmes informatiques comme Quicken ou Microsoft Money sont des outils précieux pour qui recherche la liberté financière. Commencez à faire un suivi attentif de vos postes de dépenses, de chaque sou dépensé. Vous serez surpris de voir où va votre argent et à quelle vitesse.

Vous payez-vous un ou deux cafés, ou deux bières, chaque jour ? Vous ne pouvez pas vous en passer ? Ça fait partie de vos petits plaisirs après tout, pas vrai ? Ces 5 petits euros (si ce n'est pas plus) dépensés chaque jour, cinq jours par semaine, pendant douze mois, pèsent lourd. Ces petits plaisirs « de rien du tout » vous coûteront en moyenne 1 300 € par an.

Sans une bonne organisation, vous pouvez perdre des centaines d'euros par an avec seulement quelques « petites indulgences » comme celles-ci. En sachant exactement ce que vous dépensez chaque jour, chaque semaine, chaque mois, vous pouvez littéralement sauver des centaines d'euros et les utiliser pour d'autres choses plus importantes, tels que les frais de scolarité pour vos enfants ou de belles vacances bien méritées. Il y a des avantages évidents à économiser de l'argent et à le mettre où vous voulez vraiment l'utiliser, ou le mettre dans un compte d'épargne avec un bon rendement, ou même investir dans des fonds communs de placement.

Ensuite, il y a le merveilleux sentiment de confiance en soi dans la prise de contrôle d'une partie de votre vie qui vous échappe peut-être depuis des années.

Après quelques heures de travail pour équilibrer vos comptes et quelques minutes prises pour configurer en ligne votre compte, vous avez réellement rééquilibré tout ça, jusqu'au dernier centime. Quel soulagement ! Maintenant vous avez le contrôle, ce qui devrait être toujours le cas. Voilà la première étape pour avoir le contrôle total non seulement de votre argent, mais aussi de votre vie. Si vous savez exactement ce qui va arriver et comment vous en êtes arrivé là, vous êtes maintenant à la place du conducteur. La place qui vous revient.

Vous devez peut-être toujours de l'argent via vos cartes de crédit ou des prêts, mais vous n'êtes plus dans l'obscurité au sujet de votre avenir financier. Vous savez où vous vous situez et où vous allez ; vous êtes en contrôle de ce futur.

Maintenant vient la partie de l'entretien de cette organisation. Mettre en place tout cela pour le laisser en l'état ne vous apportera rien de bon. Lorsque vos factures arrivent, jetez toutes les parties superflues, déposer simplement la facture dans l'enveloppe pour la renvoyer à la société avec le paiement. Encore plus simple, si vous le pouvez, payez vos factures en ligne.

Ouvrir un compte sur le site de votre créancier pour pouvoir payer par carte de crédit est très facile ; payer en ligne est de nos jours rapide et totalement sécurisé. Vos informations de compte sont cryptées avant d'être envoyées aux entreprises. Beaucoup pensent encore qu'il est plus sûr d'envoyer les règlements dans des enveloppes papier traditionnelles, alors qu'elles contiennent des informations sur votre compte que tout le monde peut lire simplement en ouvrant l'enveloppe.

Si vous préférez toujours la facture papier et voir vos chèques voyager à l'allure d'un escargot, déposer cette enveloppe dans la boite aux lettre et notez la date d'échéance pour rester organisé, afin que votre facture soit payée à temps. Assurez-vous de notez cela attentivement, en cas d'erreurs cela pourrait vous coûter plus d'argent encore. Si vous voyez des anomalies, contactez immédiatement la société en question. Attendre pourrait vous coûter cher.

Si vous utilisez la méthode de paiement en ligne, assurez-vous d'imprimer une copie de la transaction pour prouver que le montant a bien été payé, ainsi que la date. Gardez toujours une copie de vos règlements, soigneusement rangée dans le dossier approprié.

Le vol d'identité est une menace de nos jours, mais il y a des façons de vous protéger. Traitez tout le courrier des sociétés de financement, de cartes de crédit, vous offrant des cartes, etc. immédiatement.

Déchiquetez les documents où figurent vos informations personnelles afin qu'elles ne tombent pas entre de mauvaises mains. N'envoyez jamais d'informations de carte de crédit dans un courriel et ne les donnez jamais à quelqu'un par téléphone. Si la compagnie de carte de crédit vous appelle, ils n'ont pas besoin de vous demander votre numéro de compte, ils l'ont déjà dans leurs fichiers. Ne vous laissez pas berner par des escrocs ! Soyez particulièrement prudent avec vos cartes de crédit. Ne gardez pas vos numéros de code PIN dans votre portefeuille ou votre sac à main, avec les cartes.

Comment organiser vos vacances

« La meilleure condition de travail, c'est les vacances ».
Jean-Marie Gourio

Ah, les joies de voyager ! Le déplacement en lui-même est amusant ; c'est la préparation pour le voyage qui maintient beaucoup de gens à la maison. Faire que tout le monde soit prêt au bon moment avec les bagages bien emballés n'a pas besoin d'être stressant. Avec juste quelques bons tuyaux et un peu d'organisation, vous pouvez avoir de belles vacances.

Donc, vous avez déjà choisi votre site de vacances et vous avez décidé de la période de l'année où vous partirez, donc vous savez ce dont vous avez besoin comme vêtements, chaussures, etc. Mais par quoi allez-vous commencer pour vous assurer que toute la famille est organisée et prête à partir ?

Quand il s'agit de vos bagages, prenez les articles les plus robustes, les mieux faits que vous pouvez vous permettre d'acheter. Vous serez heureux de ce choix. Voyager est éprouvant pour les bagages ; vous ne voulez pas qu'ils tombent en morceaux au beau milieu de votre voyage et être obligé de les remplacer à mi-vacances. Il existe plusieurs types de bagages ; ce que vous achetez dépendra de l'endroit où vous allez, combien de temps vous séjournez, etc. Si vous avez décidé de faire du camping, prenez ce qu'il y a de plus robuste et si possible étanche, afin de pouvoir faire face aux éléments les plus rugueux.

Dans votre quête de bons bagages pour vos vacances, cherchez des articles avec des serrures robustes et des charnières qui peuvent supporter la pression sans casser. Assurez-vous de garder les clés de ces bagages dans un endroit sûr, de préférence dans votre sac à main ou une poche. Le choix d'un bagage souple ou rigide dépendra de ce que vous envisagez de mettre à l'intérieur. Un bagage souple est idéal pour les vêtements et les chaussures, mais si vous prévoyez de transporter des pièces fragiles, comme des bouteilles et autres articles de toilette, un bagage de type rigide est plus adapté.

Pour votre sac à main ou sacoche, garder à l'esprit qu'il devra passer par les dispositifs de sécurité et doit respecter une certaine taille. Vérifiez auprès de l'aéroport par lequel vous allez voyager leurs exigences en matière de taille, ainsi que toutes les autres restrictions. Soyez prêt à toute éventualité. Cela réduit le stress à l'aéroport, surtout si vous êtes responsable de la sécurité et de l'embarquement d'enfants à bord.

Alors que de grands sacs sont parfaits pour vos vêtements, chaussures et autres accessoires, ils peuvent être difficiles à faire tenir dans les taxis ou les coffres des voitures de location, sans parler de les faire passer par certaines portes. Si vous faites un long voyage comportant beaucoup d'étapes, cet énorme sac deviendra vite très lourd et difficile à déplacer d'un endroit à l'autre.

Les bagages comportant des roulettes et des poignées rétractables sont parmi les plus pratiques jamais inventés, même s'il peut arriver que les roues se détachent un jour et que la poignée se détache. Pour cette raison une fois de plus, achetez ce qu'il y a de meilleur suivant vos possibilités si vous voulez que ce bagage vous accompagne durant de nombreux voyages. Si vous voyagez avec vos enfants, ce type de bagage est idéal. Les enfants sont capables de tirer une valise, mais pas de la porter. Outre la poignée supérieure, ces bagages ont également une poignée latérale, ce qui les rend plus facile à manœuvrer à travers les portes ou les escaliers.

Votre premier réflexe est probablement de préparer une valise pour chaque personne. Cela semble sensé, jusqu'à ce que vous considériez la possibilité que l'une de ces valises pourrait être perdue et qu'à ce moment-là la personne de votre famille a qui elle appartenait se retrouvera sans vêtements de rechange. Prenez une valise pour chaque personne, mais répartissez les vêtements de sorte qu'il y en aura toujours de rechange quoi qu'il arrive. Perdre une valise n'est pas un événement très agréable, mais cela n'a pas besoin non plus d'être une catastrophe.

Partir et vous apercevoir que vous avez oublié quelque chose de vital est frustrant et irritant, donc apprendre à bien vous préparer, de A à Z. Décidez à l'avance de ce dont vous aurez besoin pour chaque personne. Faites une liste, une pour chaque membre de votre famille.

En préparant chaque valise, gardez la liste à portée de main et cochez chaque élément au fur et à mesure que vous les emballez. Vérifiez une deuxième fois cette liste avant de fermer la valise et de la verrouiller. Assurez-vous de ranger immédiatement les clés de ce bagage dans votre sac, celui que vous prendrez avec vous dans l'avion. Vous ne voulez pas arriver à destination et vous souvenir soudainement que ces clés sont restées posées sur le meuble de l'entrée.

Concernant l'emballage des vêtements dont vous aurez besoin lors de votre voyage, essayez cette petite astuce. Au lieu de plier vos chemises, pantalons, etc., essayez de les rouler. Cela évite la marque des plis sur vos vêtements et vous découvrirez que vous pouvez mettre plus de choses dans votre valise de cette façon. Placez vos chaussettes roulées à l'intérieur de vos chaussures permet également d'économiser de l'espace.

Pour vos articles de toilette comme le shampooing, les crèmes, les parfums, la laque, le savon et le gel douche, mettez-les dans des sacs qui se zippent avant de les emballer dans votre valise. Même si le pire se produit et que les bouteilles se cassent et que tout fuit, vous ne trouverez pas vos vêtements tout imprégnés de produit. Évitez de prendre des aérosols dans vos bagages car la chaleur excessive peut provoquer une explosion.

Organiser ses vêtements dans la valise est un jeu d'enfant de nos jours grâce aux grands sacs de rangement sous vide que l'on trouve facilement dans le commerce. Vous pouvez les utiliser pour stocker vos vêtements durant le voyage et les utiliser ensuite pour les vêtements mouillés ou le linge sale durant le voyage de retour.

Pour vos articles de toilette favoris, vous pouvez presque tous les trouver en petite taille adaptée au voyage, ce qui les rend plus facile à ranger et à utiliser. Vous pouvez aussi acheter des bouteilles et pots en plastique de petite taille et les remplir avec votre shampooing préféré, crème, etc. Si vous voyagez beaucoup, par exemple pour les affaires, cela vous fera économiser du temps de garder un sac spécial prêt à tout moment, contenant vos articles de toilette essentiels. Rappelez-vous de le garder à jour.

Quant à ce que vous choisissez en matière d'habillement, ça dépend de l'endroit où vous allez. Même si vous avez prévu de rester assis sur la plage tous les jours pendant deux semaines, vous aurez toujours besoin de quelque chose à porter pour aller au restaurant une fois ou deux.

Planifiez toujours l'avenir, ainsi que toute éventualité. Vous ne savez jamais ce qui va arriver. Choisissez vos vêtements dans les tons neutres, beaucoup plus faciles à mélanger et assortir, ce qui permet de faire face à toutes les situations avec seulement quelques pièces.

Lorsque vous commencez la planification, la préparation et l'organisation de votre voyage, vous devez gérer un peu de paperasse : billets d'avion ou de train, confirmations, cartes d'embarquement, voitures et réservations d'hôtel, calendriers... Gardez tout en un seul endroit dans un dossier spécial et n'oubliez pas de le garder dans votre bagage ou votre sac à main.

Faites attention à ce que votre maison rangée avant de partir. Cela vous fera économiser du temps et de l'énergie lorsque vous rentrerez chez vous. Vous n'aurez pas gérer le désordre au moment où vous franchirez votre porte et aurez besoin de vous reposer.

Avec un peu de préparation et d'organisation, vous pouvez vraiment profiter de votre temps de vacances avec votre famille.

Faire des plans à l'avance et vous organiser pour vous-même et votre famille vous permettra d'économiser du temps, de l'argent et beaucoup de stress.

Comment organiser les événements spéciaux de votre vie

« *Je suis triste comme un lendemain de fête* ».
Alfred de Musset

Avez-vous hâte quand arrivent des événements spéciaux dans votre vie, ou redoutez-vous ces dates ? Peut-être pensez-vous tout simplement ne pas avoir le temps de planifier une fête ; vous avez à peine le temps d'assister à une soirée occasionnelle, a fortiori encore moins d'en organiser une vous-même. Toutefois, avec quelques conseils et techniques, et un peu d'organisation, vous pouvez organiser une fête dont les gens se souviendront pendant des années.

Pourquoi pas cet anniversaire de mariage que vos parents sont sur le point de célébrer ? Ne seraient-ils pas heureux de voir tous leurs amis réunis pour partager cet important moment avec eux ? Offrez-leur une belle fête d'anniversaire, ils ne l'oublieront jamais.

Avant de commencer à planifier quoi que ce soit, cependant, parlez-leur de ce qu'ils aimeraient. Leur idée d'une grande fête ne correspond peut-être pas exactement ce que vous avez prévu. Ce sera leur journée et non la vôtre, vous vous souvenez ? Donc, sera-ce plutôt détendu ou formel ? Vous pouvez faire aussi simple qu'un barbecue dans la cour, ou aussi luxueux qu'un dîner dansant dans un restaurant chic. Parlez-en à vos frères et sœurs aussi pour voir s'ils aimeraient participer. Si vous avez un budget serré, ils peuvent vous aider à la planification aussi bien que financièrement. C'est ainsi que l'on créé de beaux souvenir dans les familles.

Plus grosse sera la fête, plus vous aurez besoin de temps pour la planification et l'organisation. N'attendez pas la dernière minute pour organiser quelque chose d'aussi grand qu'une fête d'anniversaire de mariage si vous voulez qu'elle soit réussie.

Selon ce qui a été décidé, comme le thème choisi, si elle est d'être familiale ou plus formelle, etc. vous pouvez avoir besoin des services d'une entreprise de location. On trouve dans chaque grande ville des sociétés qui louent des tables, des chaises, des couverts et tout ce qu'il faut.

Une fois que vous avez décidé de la date et du lieu pour la fête, vous aurez besoin d'une liste d'invités dès que possible. Si vous êtes décidé sur le thème, il est temps d'aller faire du shopping pour les invitations ; ou si vous le souhaitez, vous pouvez concevoir des cartons sur votre ordinateur et les imprimer vous-même. Consultez votre papeterie la plus proche pour une belle sélection de papier et de cartes adaptés.

Cela prend un peu de temps, mais vous pouvez vraiment personnaliser les invitations à envoyer à vos proches pour cette occasion spéciale. Les invitations doivent être envoyées au moins deux semaines avant la fête, afin que vos invités puissent prendre leurs dispositions pour y assister.

Dès que vous avez un nombre de personnes estimé, vous pouvez commencer les achats de fournitures. Ceux-ci varieront selon le thème de la fête. N'oubliez pas de prévoir des petits cadeaux que vos invités pourront ramener chez eux afin de se rappeler de ce jour important. Les photos sont toujours une bonne idée ; essayez de prendre une photo de chaque invité avec le couple star pour qui la fête est organisée. Ils peuvent tenir une banderole proclamant fièrement la date de la fête et le thème. Vous pouvez même prévoir des t-shirts sérigraphiés avec une photo du couple, à donner à vos invités.

Si vous préparez vous-même le repas ou le buffet pour la fête, essayez d'en faire autant que possible la veille et autant que peut en stocker votre réfrigérateur. Deux ou trois heures avant la fête, faites toute la décoration et tout le travail de préparation nécessaire. Laissez la famille et les amis vous donner un coup de main.

Beaucoup de mains rendent le travail plus léger et plus amusant. Soyez sûr de vous laisser suffisamment de temps pour vous doucher et vous changer avant la fête et pour vous accorder un moment de détente, de sorte que vous serez en forme pour vous amuser aussi. Vous ne voulez pas avoir l'air exténué lorsque vos invités commencent à arriver.

Soyez prêt à l'avance et saluez chacun de vos invités à leur arrivée, afin qu'ils se sentent les bienvenus. Débarrassez-les des manteaux et des vestes qu'ils portent éventuellement, puis dirigez-les vers le buffet. Désignez-leur l'heureux couple. Restez vigilant pour vous assurer que le buffet est réapprovisionné au besoin. Gardez tous les plats bien remplis.

Si vous êtes organisé et préparé, tout devrait se dérouler comme sur des roulettes. Rappelez-vous, comme toujours, d'être prêt pour l'inattendu. Essayez d'anticiper tous les scénarios. Prévoyez plus d'aliments et de boissons que nécessaire ; il est préférable d'avoir des restes, que de manquer au milieu de la fête.

Ceci est juste un aperçu rapide d'une fête bien planifiée et peut être adapté, en fonction de votre thème, du lieu, du nombre d'invités et des formalités choisies. La partie importante à retenir est qu'il faut que chacun ait du plaisir et de rendre cet évènement particulièrement agréable pour le couple dont vous célébrez l'anniversaire. Des moments comme ceux-ci ne se reproduisent jamais. Cet anniversaire particulier, du moins, ne reviendra jamais. Profitez-en au maximum.

L'autre événement spécial que vous serez sans doute appelé à planifier régulièrement concerne les fêtes d'anniversaire. Peu importe l'âge, tout le monde a droit à une fête d'anniversaire. Pour les enfants, il est essentiel d'organiser des fêtes pour marquer les anniversaires comme des étapes importantes. Les enfants adorent faire un anniversaire.

Encore une fois, vous avez besoin d'un bon départ pour planifier une fête d'anniversaire. Laissez votre enfant vous aider à décider du thème et de qui doit être invité. Les restaurants genre pizza ou burgers sont à la mode en ce moment. Pour une somme modique, vous pouvez organiser la fête dans leurs locaux, ils fournissent les aliments, les boissons et un animateur. On vous donne deux heures, plus un endroit où les enfants peuvent s'asseoir, manger et jouer, puis l'enfant ouvre ses cadeaux. Vous apportez votre propre gâteau d'anniversaire. Ensuite, ils font le ménage. Aucune mauvaise surprise, pas de chichi, pas de bonbons écrasés sur la moquette ou de gâteau sur les meubles.

La plus grande erreur que font souvent les parents quand il s'agit d'organiser une fête pour leurs petits chéris est d'inviter beaucoup trop d'enfants. Plus l'enfant est jeune, moins il devrait y avoir d'invités. Trop d'excitation parmi de jeunes enfants peut devenir très difficile à gérer et être source de larmes. De plus petits groupes et des activités soigneusement planifiées sont plus faciles pour gérer les enfants.

Deux heures est à peu près le temps limite, vous pouvez même le réduire quand il s'agit d'enfants plus jeunes. Assurez-vous qu'ils aient fait une sieste avant que la fête ne commence afin qu'ils ne soient pas trop fatigués. Après des heures passées à la planification, la décoration et la cuisine, il est difficile d'avoir beaucoup de patience au milieu des cris et des larmes. Rappelez-vous, ils vont grandir et bientôt partir. Ces souvenirs sont importants. Restez organisé, vous pouvez le faire.

Conclusion

« Lorsqu'on perd le contrôle de soi, on perd sa liberté ».
Marie von Ebner-Eschenbach

Donc, maintenant que vous avez votre maison, votre bureau, vos finances, votre famille, et chaque aspect de votre vie organisée, il est temps de vous féliciter pour ce travail bien fait. Promenez-vous dans votre maison ; remarquez comme elle est propre et bien rangée, comme il est maintenant facile de trouver ce dont vous avez besoin au quotidien. Gardez ces photos que vous avez prises à portée de main, pour vous rappeler à quel point le travail que vous avez fait à eu un impact dans votre vie.

Regardez votre bureau. Voyez comme vous êtes devenu efficace et productif. En faisant cela, vous avez dégagé plus de temps pour les autres aspects de votre vie.

En organisant votre famille, vous leur avez offert le cadeau du temps - du temps à passer avec vous et avec leurs amis. Et vous leur avez appris à gérer le temps pour le reste de leur vie, en restant organisé et productif.

Garder vos finances en ordre vous garantit la sécurité et la tranquillité d'esprit pour le reste de votre vie. Maintenant, vous êtes organisé dans chaque aspect de votre vie. Il vous appartient de rester organisé, efficace et productif.

Rappelez-vous que c'est vous qui avez le contrôle. Tout dépend de vous.

www.ingramcontent.com/pod-product-compliance
Lightning Source LLC
Chambersburg PA
CBHW072228170526
45158CB00002BA/805